EFFETS DE THÉATRE

A LA MÊME LIBRAIRIE

DU MÊME AUTEUR

ARC-EN-CIEL, poésies, 1 vol. in-16. . . . . 3 fr.

A L'ÉTUDE

LE BRÉVIAIRE D'UN HOMME SUBTIL (PROSE)

MAURICE VAUCAIRE

Effets de Théâtre

LA SCÈNE ET LA SALLE
LE BALLET — CAFÉS-CHANTANTS
A LA FOIRE

*Si j'épluche, le soir, une orange échauffée,
Je rêve de théâtre et de profonds décors.*
F. Coppée.

PARIS
ALPHONSE LEMERRE, ÉDITEUR
27-31, PASSAGE CHOISEUL, 27-31

M DCCC LXXXVI

PRÉFACE

Mon cher Poète,

Vous me demandez une préface dans laquelle je raisonne théâtre. Interrogez un décor ? — Il vous répondra, — vivant dans la lumière, la musique, le bruit, — qu'il ne se rend compte de rien. Ainsi votre servante. Elle marche, danse, décor mouvant. Le spectateur qui m'examine en sait plus long que moi ; il voit l'ensemble et a l'impression.

Je bavarderai au hasard. Pourquoi les gens se plai-

sent-ils à errer dans les coulisses ? Ils y sont comme des enfants, ne perdant pas un mouvement, fouillant à l'intérieur de la montre pour regarder la petite bête, et, ma foi ! l'envers du théâtre n'est que désillusionnant. On y respire du gaz ; les femmes se maquillent, elles ont des épaules en blanc-gras, une bouche trop rouge, des yeux trop noirs; leur corps a une odeur de perruquier qui s'est servi de vingt pommades et extraits différents, le même jour. Et vous trouvez cela appétissant ?

Pourquoi admirent-ils aussi ces actrices cagneuses en travesti, ces ténors d'opéra-comique qui ont l'air de poupées, ces rois et reines d'opéra si peu grands seigneurs ?

Je ne vous parlerai que des danseuses. Chérissant mon art et n'écoutant la voix d'or des tragédiennes que si elle est assez musicale et harmonieuse pour pouvoir accompagner mes arabesques, relevés ballonnés sur la pointe, sauts de chat, temps de fouetté, ronds de jambes et pirouettes.

Je vous déclarerai, sans être fate, que les danseuses sont les seules artistes consciencieuses. Plus elles restent sincères, plus elles valent quelque chose. Tandis que l'actrice doit s'incarner dans la peau d'un personnage, suivre la volonté des auteurs, abdiquer son naturel.

PRÉFACE

Nous connaissons et devinons mal la diseuse de vers ou de prose ; dit-elle ce qu'elle pense et réciproquement ?

Au contraire, à sa façon de marcher, de se balancer, de sautiller et tourner, un amateur saura si la danseuse est spirituelle, intelligente, raffinée, pot-au-feu, avare ou prodigue.

L'aimez-vous assez le théâtre ? Vous chantez ses parfums, sa chaleur et sa clarté. Voilà un signe de décadence. Cette dame Pompadour dont vous m'avez parlé une fois, ne sonna-t-elle pas, suivant vous, le signal de l'agonie du dix-huitième siècle, en jouant des pièces et en dansant des menuets au théâtre du Château de Versailles ?

Vous voudriez porter les traînes des princesses au cachet, donner la réplique aux coquettes, aux ingénues, aux raisonneurs, à tous.

Vous voudriez étinceler, éblouir à la rampe. Oh cette rampe! elle vous grise. Et le lustre !... et jusqu'au pompier — forcément indifférent — et le souffleur ! — ce bibliothécaire des mémoires paresseuses ! —

Vous finissez, après avoir vanté le charme des faux jardins, des faux ciels, des manoirs en carton, par rêver à un décor, moitié toile et moitié nature, un décor à la moyen-âge où l'on verrait le vrai soleil chauffer des arbres peints et la vraie lune servir de témoin à une scène d'amour de convention.

En somme, je n'ai pas su discerner les bonnes choses des mauvaises, ni les passables des chefs-d'œuvre ; car vous êtes le premier poète que j'aie parcouru sérieusement, et je crains de dire des banalités en recommandant votre livre. Il est certain qu'il sera acheté par les abonnés de l'Académie de Musique, des Français, par les acteurs en tournée ayant du temps à perdre sur les routes, et par mes Amis qui s'intéressent à vos débuts comme vous vous êtes intéressé aux miens.

Je vous souhaite une apothéose qui dure plus longtemps que celle des féeries, et je vous recommande de ne pas dire à mon Directeur que je m'essaie à la littérature, il m'enverrait des maillots et des bas bleus, — et je préfère les roses !

UNE JEUNE DANSEUSE

LA SCÈNE & LA SALLE

Le gaz du soir pour le soleil!

RIDEAU

A Degas.

Rideau mystérieux, mobile devanture
Que le peintre a voulu travestir en tenture ;
Où la brosse forma des creux et des saillants
      Avec des glands dorés brillants !

Devant lui, le public réfléchit et s'étonne,
Car il cache des ciels de printemps et d'automne,
Un monde de féerie et plein de profondeur,
Exhalant hors la rampe une troublante odeur.

— Énorme paravent — Et, lourd, il se replie,
Ayant le grincement rauque d'une poulie,
    Et, lourd, disparaît au plafond
Laissant l'œil anxieux voir les décors du fond.

Puis quand tout se termine aux bravos de la foule,
    Le rideau se déroule,
Et sur l'Apothéose ou bien le Châtiment,
Tombe aux pieds des acteurs, majestueusement.

LE SOUFFLEUR

A Georges Feydeau.

    Souffleur cher aux comédiens !
    Dans la cahute où tu te tiens,
    Tes deux yeux, au niveau des planches,
    Ne peuvent voir que des souliers,
    Des bouts de jupons dépliés,
    Des traînes noires et des blanches !...

A ta droite, les lourds talons éperonnés
Du ténor ; les chaussons menus devant ton nez
De la belle héroïne ; à gauche, les chevilles
Du chœur des jeunes gens et de celui des filles !...

Aux pieds carrés, pointus, longs, courts et de tout temps
Et de tout âge, aux pieds grossiers, aux pieds tentants,
Adresse-toi, souffleur ! va, souffle et ne les laisse
Jamais cois, souffle, souffle à la moindre faiblesse !

Le chef d'orchestre donne un tas de nerveux coups
D'archet sur ton dos rond, avec des gestes fous !
Pauvre être ! Et le public, de mauvais caractère,
Quand tu souffles trop haut t'ordonne de te taire !

   Souffleur, cher aux comédiens !
   Dans la cahute où tu te tiens,
   Tes deux yeux, au niveau des planches,
   Ne peuvent voir que des souliers,
   Des bouts de jupons dépliés,
   Des traînes noires et des blanches !..

LE POMPIER

A Victor Margueritte.

Son casque luit comme de l'or.
Le pompier, auprès du décor,
Guigne les gentilles poudrées :
Chanteuses, étoiles ou rats,
— Ces héroïnes d'opéras, —
Un monde d'amours ignorées !

Combien de jeunes et de vieux
Prendraient la consigne à sa place ?
Et, là, feraient leur Lovelace,
De la voix, du geste et des yeux.

Mais le pompier reste, fidèle,
Surveillant paternellement
Le bec de gaz et la chandelle
Dans les recoins du bâtiment.

Son rêve est d'emporter les femmes
En les serrant bien sur son cœur,
Fier de lui, joyeux et vainqueur,
Par la fumée et par les flammes.
Mais, hors ce cas prépondérant,
Le pompier ne touche à la reine,
Ni même au page figurant...
— Il est l'eunuque de la scène ! —

OUVERTURE

A Henry de F.

— Les gammes des altos et les gammes flûtées,
Les *la* des violons et les soupirs des cors. —
C'est un charivari d'extravagants accords.
Habits noirs, plastrons blancs, femmes décolletées,
Circulant, s'installant, causant d'un air distrait,
Attendent, résignés, que l'orchestre soit prêt.

Les plus belles, qui sont au premier plan des loges,
Servent de point de mire aux spectateurs d'en-bas,
Voudraient connaître ces mystérieux éloges

Qu'entre eux, les insolents lorgneurs se disent bas,
Dans un chuchotement de remarques sceptiques.

Au poulailler, Monsieur Gavroche et ses parents,
Des blouses et la Claque encaqués sur trois rangs,
Les vieux à face rouge et les voyous étiques...

Et comme tous ces gens ont des discussions,
Les ouvreuses leur font des observations.

SOUPER

A M. Lemerre.

Le poulet à croûte dorée
Est d'un carton vieillement peint,
Et de petits morceaux de pain
Il a sa carcasse bourrée.

Chaque soir, le comédien
Donne le rêve véritable
Qu'il se trouve vraiment à table,
Avec un appétit de chien.

Il boit de l'eau rougie en guise
De vieux Bourgogne et du coco
Pétillant comme le Cliquot,
Mais boit d'une façon exquise.

A la manière du gourmet
Il ouvre et sait fermer la bouche,
Et de ce qu'il mange ou débouche,
On croit respirer le fumet.

Cela donne faim dans la salle;
Chacun voudrait, soudainement,
Remplacer l'acteur un moment
Pour satisfaire sa fringale.

BAIGNOIRE DE FOND

A J.-B. Lacombe.

Une petite boîte aux cloisons lie-de-vin,
Des chaises en velours du même rouge sombre.
Pour que les gens n'y soient pas tout à fait dans l'ombre,
Au fond, un bec de gaz funèbre éclaire en vain.

On ne peut distinguer ni la circonférence,
Ni l'élévation de la salle; on ne voit
Que le parterre, ayant sa mauvaise odeur rance,
Et les dos des fauteuils d'orchestre, devant soi.

La scène est aperçue ainsi qu'une échappée
De lumière, au lointain, mesquine et découpée
A droite, à gauche, en haut ; comme vue au travers
D'une lorgnette ou d'un télescope à l'envers.

LA FÉERIE

A Jeanne Marni.

O les rois de Féerie, idiots et charmants !
Les sorcières qu'on change en vaporeuses fées,
Pour venir des dessous du théâtre aux moments
Périlleux, toutes d'or et d'argent étoffées !
... Le prince Hurluberlu Quatorze est amoureux
De la princesse Cocorico sa cousine.
(Vous savez qu'elle est née un beau jour dans le creux
D'un champignon géant à la forêt voisine !..)
On ouvre constamment des yeux émerveillés,
Car ce pays est plein d'agréables surprises ;
    Les enfants naissent habillés,

Il y pleut du raisin, du sucre et des cerises ;
La neige que l'hiver étale sur les toits,
Est une crème dont on se lèche les doigts ;
Le prince n'a qu'à dire un mot, à faire un geste,
Pour que de la façon la plus précise et leste,
Les décors de céans soient montés ou défaits.
O riche Fantaisie ! ô Jardins ! ô Palais !
Tombés d'un Paradis qui veut gâter la terre !
Sans chercher à comprendre un instant ton mystère,
Nous admirons tes gens, ta lumière et tes ors
Qui font briller cent fois plus tes luisants décors..

Et la pièce finit par une Apothéose :
Des nudités, du feu jaune, vert, bleu, blanc, rose,
Des cascades jetant une avalanche d'eau,
Et quand les spectateurs ont tout bien vu : — Rideau. —

    Avant la fin du dernier acte
    Et la chute de ce rideau ;
    Partons pour que notre cerveau
    Garde sa rêverie intacte.
    Emplissons aussitôt nos yeux
    De l'éblouissant éclairage,
Levons - nous avant que le soleil radieux
    Soit éclipsé par un nuage !

THÉATRE IMPROVISÉ

(PROLOGUE DIT)

A Delaunay.

Jadis, au beau temps de Molière,
Sans décors, sans pompiers aussi,
On jouait comme on joue ici,
Et personne aux acteurs n'aurait lancé la pierre.

En celui de Shakespeare, on plantait un poteau
Qui renseignait fort l'auditoire :
« Ici, c'est la forêt; à côté, le château! »
Et chacun comprenait l'histoire!

Aujourd'hui nous jouons un lever de rideau
    Sans le rideau ni changements à vue.
        Nous prenons donc la liberté
    De vous exposer d'une voix émue,
      L'imaginaire vérité :

« Ici, c'est la fenêtre ; à côté, c'est la porte ! »
      Vous trouvez la chose un peu forte ?
      Ma blonde camarade et moi
      Serons d'une si bonne foi
      Que vous voudrez bien reconnaître
      Qu'on me ferme la porte aux yeux,
      Mais qu'en romanesque amoureux,
      J'entre aussitôt par la fenêtre.

GRAND OPÉRA

A R. de Bourboulon.

Premier acte. — Le roi s'ennuie affreusement,
Il aime Bahira, la fille d'une esclave.
Bahira veut rester fidèle à son amant.
L'amant, c'est Sigismond, guerrier de race brave.

Deuxième acte. — Le chœur des soldats qui s'en vont
A la guerre. Toujours amoureux et barbare,
Le roi fait enfermer son rival Sigismond,
Enlève Bahira dont la raison s'égare.

Troisième. — Sigismond, certain jour délivré,
Jure qu'il va se mettre alors à leur poursuite.
Il entonne un grand air, furieux, éploré.
. . . .
Mais on signale le roi vainqueur et sa suite.

O le joli retour des troupes et du roi !
Quelles variétés de costumes ! — En tête,
Les trompettes, le roi sur un beau palefroi,
Et le peuple qui pousse au ciel des cris de fête.

Puis, sous un dais porté par vingt preux chevaliers,
Arrive Bahira, sombre, habillée en reine.
Haletant, Sigismond se prosterne à ses pieds,
Et par un long solo lui fait savoir sa peine.

Curieux du ballet qu'on danse à son côté,
L'heureux roi n'entend pas le solo de cet homme.
. . . .
Il a vu Sigismond, perd toute dignité,
Vite il l'entraîne dans la coulisse et l'assomme.

Duo final. Bien pâle — oh ! comme il doit souffrir ! —
Sigismond moribond revenant à la scène,
Les deux mains sur sa plaie et n'ayant plus d'haleine,
Avec la Bahira s'empressent de mourir.

LA PIÈCE MILITAIRE

A H. Giacomelli.

Du premier au dernier tableau la scène tremble.
Les tambours, les clairons et les mousquets, ensemble,
Emplissent les décors de fumée et de bruit.
Batailles le matin, l'après-midi, la nuit ;
A tour de rôle, on voit par derrière les toiles,
Le soleil flamboyant, la lune, les étoiles,
Et des effets de neige ou bien de pays chauds.

Sans danger, le public peut lorgner des assauts,
Et pour mieux flatter sa fibre, en cette occurrence,
Les vainqueurs sont toujours les enfants de la France.
Malgré les grondements du canon, la clarté
De la rampe et les sons d'un orchestre en gaîté,
Généraux et chevaux demeurent pacifiques :
— Chevaux très harnachés, généraux magnifiques,
Habits à la Kléber et gestes à la Ney —

Et le patriotisme en nos âmes renaît,
Quoique tout cela soit théâtral et pour rire,
Quand les petits soldats simulent le délire,
Suivent le tricolore et vaillant étendard,
Chantent la *Marseillaise* et le *Chant du Départ!*

L'intrigue joue un rôle à peu près secondaire;
C'est l'amour du sergent et de la vivandière
Qui roucoulent avant, puis après le combat,
Car durant l'action, tout le monde se bat.

Sur un joli cheval qui piaffe et caracole,
Le chef — n'ayant pas dit une seule parole
Encore, à l'air rêveur, la main sous le menton, —
(On le croyait vraiment de bois ou de carton.)
Cherchant dans l'agonie une superbe pose,
Tombe mortellement atteint — Apothéose —

Chœur de soldats :

  Pleurons cet homme de valeur !
  Il est dans les bras de la gloire !
  Sa nourrice fut la Victoire !
  Et son père le Champ-d'Honneur !

BANLIEUE

A Richard O'Monroy.

Aux loges, aux fauteuils, de braves boutiquiers
Mâchonnent constamment d'embaumantes oranges.
Le paradis, en haut, contient de vilains anges :
Des ouvriers bruyants, des garçons perruquiers,
Des filles en cheveux, tout cela pêle-mêle,
Et jusqu'à des enfants encore à la mamelle.
Ils font grand'peine à voir ces malheureux marmots !
On répond à leurs cris par des cris d'animaux,
Des invectives, des réflexions typiques,
Juste au meilleur moment des scènes pathétiques.

La pièce, c'est toujours un vieux drame malsain
Dans lequel le public donne tort aux gendarmes ;
On y hurle, on y rit, on y verse des larmes,
On applaudit l'infâme argot de l'assassin.

Souvent dans ce public, une âme charitable,
Très convaincue et trop enthousiaste, prévient
L'actrice que le traître est caché sous la table,
Et de prendre bien garde au coutelas qu'il tient.

LE LUSTRE

A Ch. Grandmougin.

Immense chandelier de clinquant et de verre
    Tenu par un câble au plafond ;
Avec tes becs de gaz qui chauffent l'atmosphère,
Tu baignes dans ta belle et ta blanche lumière
    Le théâtre de comble en fond.

Les spectateurs d'en bas : — le fauteuil et la stalle —
Ont le rêve troublant de te voir t'écrouler
Accidentellement, au milieu de la salle.
    Et cette idée un peu brutale
    Les fait réfléchir et trembler.

OPÉRA-COMIQUE

A M. Porel.

Le rideau vient de se lever,
Laissant voir une perspective
Charmante et qui donne à rêver :
Un fleuve court, près de la rive
Un clocher se tenant tout droit
A côté de vingt maisonnettes ;
Et ce joli village étroit
S'agrandit au bout des lorgnettes.

Sur la scène, des paysans,
Des fillettes très bien troussées,
En jupons rouges, jaunes, blancs.
Vite des tables sont dressées,

Et tous en chœur : « Du vin ! du vin !
» Car c'est la fête du village ;
» Oui, vraiment, ce vin est divin,
» Goûtons, goûtons à ce breuvage. »

Des cabaretiers gais et gros,
Quand le bailli dit son histoire,
Font semblant de vider des brocs
Pour ceux qui font semblant de boire.
Le jeune seigneur du canton
Arrive encourager son monde,
Touche les filles au menton
Et prend plus d'une taille ronde.

Le jeune seigneur, l'œil brillant,
Chante d'une voix familière
Qu'on accompagne en souriant :
« Vite, vite, emplissez mon verre,
» A nous l'amour et la gaité ;
» Rendons la vie enchanteresse,
» Dans le vin est la vérité,
» Vivent la joie et ma maîtresse ! »

RÉPÉTITION I

A Michel Peter.

Un opéra-comique étrange, asiatique,
Que l'on répète. Dans un ravissant décor
Représentant très bien quelque flore exotique,
Des arbres merveilleux et des pagodes d'or,
S'agitent des acteurs vêtus comme à la ville.
Les costumes n'étant pas prêts, ils ont gardé,
Et le chapeau de paille et le complet d'été ;
Ils paraissent jouer plutôt un vaudeville.

. . . .

Quand je vis alors la représentation,
— Quoique ce fût une œuvre originale, ardente, —
Je ne pus posséder la moindre illusion,
Tant s'agitait en moi la pensée obsédante
D'avoir connu ces gens si parisiens, avant
Que d'être de brillants Chinois. C'était grotesque,
Lourd, anti-naturel, banal, carnavalesque ;
Fausses barbes et faux Chinois de paravent !

C'est ainsi le théâtre. On sait ce qui se trame
Dans la coulisse et dans le foyer. On a vu
L'acteur ânonner son rôle, gamme par gamme,
Alors plus d'au-delà, plus un sou d'imprévu.

CLAIR-OBSCUR

A M. Degas.

Les ornements dorés des balcons sont ternis,
Et le beau lustre est presque éteint. La salle immense,
Toute pleine de gens attentifs et brunis
Par cette ombre ; un ténor susurre une romance.

Et très confusément à tous les rangs garnis,
Dans les loges, de grands éventails en cadence
Papillonnent au bout de bras fort assoupis.
— Altos et violons pizzicatent — on danse. —

Une danse mourante et des rapprochements
Lascifs, silencieux, et les longs frôlements
Des robes et des pieds qui traînent sur la planche.

Chaque musicien appuie avec lenteur
Le rhythme indiqué par la partition blanche,
A son pupitre orné d'un bec à réflecteur.

A UNE OUVREUSE

DE L'OPÉRA

A M. E. Cottinet.

Tu veux donc tenter le public,
Que tu mets, sorcière morose,
Sans distinction et sans chic,
Un gentil bonnet blanc et rose ?

Tu nous viens du gouvernement,
C'est un ministre qui te nomme !
Quel dilettante est ton amant ?
Un financier, un gentilhomme ?

Est-ce un directeur amoureux
Qui veut augmenter ta fortune,
En souvenir de tes beaux yeux
Du temps jadis, ancienne brune !

Laisse-moi, mais laisse-moi chien,
Vieux chien de garde en bonnet rose,
Laisse donc, je ne te dois rien ;
Femme de chambre qu'on m'impose.

APRÈS-MIDI AU THÉATRE

I

A Ludovic Mouchot.

Ce spectacle dont j'ai rêvé toujours
N'intéresserait bien que ma personne :
Une salle où la musique résonne
En s'amollissant sur tous les velours.
La scène très grande et très inclinée
Pour qu'on puisse voir les choses du fond.
Dessus elle on se mêle et se confond.
La troupe est nombreuse et assaisonnée
De danseuses, de clowns et de jongleurs,

De chiens, de géants, même d'avaleurs
De sabres. — Surtout soixante danseuses
Aux maillots chair-rose, aux corsets foncés,
Légères, dansant les cous renversés,
Se tenant la taille assez gracieuses,
Une main, pinçant les gros plis bouffants
De la jupe en gaze et jambes levées
Ensemble. — D'orchestre ivres, abreuvées,
Leurs bouches ayant des rires d'enfants.

Les clowns gais qui font sur l'épine dorse,
Tête, épaules, bras, des effets de force.

A mon fauteuil je dors de temps en temps
Dans l'obscurité de la salle vide...
Un rayon de ciel part d'en haut livide.

— Noire impression, un jour de printemps. —

IMPRESSION AU THÉATRE

Madame, mon genou touchait vos deux genoux,
Je pressais l'éventail blanc crème, à bois d'érable ;
Ample, le grand rideau s'enroula devant nous,
Et fit voir un décor de printemps adorable ;

Décor neuf, — sa fraîcheur s'engouffra dans les trous
De ce théâtre, un peu sûre, indéfinissable,
Et monta jusque vers le plafond jaune et roux,
Que chauffaient les clartés d'un lustre formidable. —

Grisé par la lumière, aussi par les relents
D'innombrables parfums capiteux et brûlants,
En sueur, dans la salle où les chairs entassées

Bien tièdes s'échauffaient encore ; j'ai senti
Ce pâle courant d'air si vite anéanti
Qu'avaient jeté sur nous les toiles vernissées.

THEATRE

A Léon Cladel.

La peau poudrerisée et les yeux agrandis,
Les danseuses glissaient sveltes comme des fées ;
Et les bourgeois naïfs étaient tout étourdis
De voir ces maillots, ces têtes ébouriffées.
Les décors fraîchement peints, les costumes blancs,
Outre-mer et dorés, gris, noirs et rutilants,
Et le luxe inouï de ce théâtre immense
S'attaquaient à nos nerfs fébriles, en démence.
La peau poudrerisée et les yeux agrandis,

Ils tournoyaient ces vrais êtres de paradis.

Le plafond déroulait sa large apothéose
Orientale avec de riches nudités
Que mettait en relief un ciel uniment rose.
Le lustre les fardait de ses vives clartés,
Et les sons incisifs allaient vibrer sur elles.

— Le mouvement gagna ces chairs surnaturelles. —
Maintenant le public ahuri somnolait,
Impressionné par l'éblouissant ballet,
Le front en l'air béat, il rêvassait, à cause
Du plafond déroulant sa large apothéose.

CONTROLE

A Royer.

Comme les juges infernaux :
Rhadamante, Eaque, Minos,
Ils trônent graves et suprêmes,
Et délivrent à volonté,
Avec un ton d'autorité,
Des fauteuils ou des quatrièmes !

LES TROUS DU RIDEAU

A Royer.

Sur la scène, Ruy-Blas aperçoit par les trous
Du grand rideau baissé quelque drôle visage,
Un spectateur d'en bas, grotesque, gros et roux.
L'acteur de belle humeur en fait part à son page,
Le page au régisseur, le régisseur à tous,
Et chacun, bien gaîment, du pompier au comparse,
Regarde par les trous le monsieur gros et roux,
Qui n'a pas du tout l'air de songer à la farce.

FOND DE SCÈNE

A Jules Claretie.

Derrière les décors, il est des murs noircis
Par le temps et couverts d'affiches et de toiles ;
Des curieux debout et des pompiers assis,
Des petits-rôles, des comparses, des étoiles.

Puis là-haut, tout là-haut, l'échafaudage en bois,
Inextricable comme une immense mâture
De ponts-volants, de treuils, de fils, de contrepoids ;
Les machinistes, seuls, comprennent sa structure.

Et de l'œil et du pied on cherche prudemment,
Pour se sauvegarder d'inquiétantes trappes
Qui vous engloutiraient dans un autre élément
    De manivelles et soupapes.

Cela sent la poussière humide des greniers,
Et la fuite de gaz emplit les escaliers.

RAMPE

A H. Cazalis.

Les invisibles becs de gaz plaquent un ton
D'incendie, un ton jaune au rideau qui repose.
La tête de l'acteur, du front jusqu'au menton,
Sous leurs rayons bien crus est plus vive et plus rose.
La tête reluit mieux dans ce fard mélangé
De lumière, chaque œil parait une bougie.
Tout le théâtre a l'air vague d'être plongé
Dans un bain de clarté factice ou de magie!

Des costumes ils font resplendir le satin
Et donnent la couleur locale, l'atmosphère.
Pas besoin de soleil, la rampe peut en faire,
Mettant à volonté la nuit ou le matin
Sur les décors, sur les gens, sur le ciel des frises.
Rampe, rampe qui nous fascines et nous grises !

EN TOURNÉE

A M. Bodinier.

Depuis Paris jusqu'à Bordeaux,
Ils s'arrêtent de ville en ville,
En portant gaîment sur le dos :
Un drame avec un vaudeville.

Leur vie est un comique enfer ;
Fatigués et blancs comme plâtre,
Ils dorment en chemin de fer,
Se débarbouillent au théâtre.

Et, pour étonner les bourgeois,
Dans la rue où tout est tranquille,
Ils répètent à haute voix :
Le drame avec le vaudeville !

LOGE D'ACTRICE

A Berthe Cerny.

Sûre et contente de l'effet
De son beau rôle dans le drame,
Elle vocalise et déclame,
Arrange son chignon défait.

L'avertisseur crie à la porte
Que le premier acte est en train ;
Tranquille, elle ôte d'un écrin,
Les bijoux qu'il faut qu'elle porte.

Des fleurs, des fleurs, partout des fleurs,
Sur le plancher et les banquettes ;
On vient d'en monter trois brouettes
De tous parfums, toutes couleurs...

Dans l'air étouffant de la chambre,
Quelques messieurs très-élégants
Guignent, en ajustant leurs gants,
Celle qu'on lace et qui se cambre.

LOGE D'ACTEUR

A Martial Merlin.

Entre deux becs de gaz, devant le grand miroir.
Il se mire, debout, met le poing sur la hanche,
Secoue un peu sa tête et sa perruque blanche,
Caresse son épée, — il est marquis ce soir.

Il est marquis, — aux gens dira des choses mièvres,
Et de baisers, Martine et Lise auront leur part. —
Comme sa joue est pâle, il y frotte du fard,
Se noircit l'œil, se peint une moustache aux lèvres.

La loge sent la poudre et le cold-cream, odeurs
De maquillages gras, atmosphère mauvaise.
Ses amis qui sont là, troublés et mal à l'aise,
Se croient dans un boudoir de femmes et de fleurs.
Et l'acteur — ce monsieur mis comme eux d'ordinaire,
Qu'ils blaguaient avant la représentation,
Les éblouit et prend une proportion
Toute autre. Il est marquis, et chacun le vénère.

DRAME

A Coquelin Cadet.

1ᵉʳ Tableau.

Préméditation du crime. L'assassin
Roule dans sa cervelle un horrible dessein,
Il lui faudra céans pour y trouver bon compte,
Egorger le notaire, empoisonner le comte.

2ᵉ T.

Chez le comte — un grand bal — le comte offre à dîner
En l'honneur du contrat que l'on vient de signer ;

Car il doit épouser une Princesse blonde.
... Les invités partis, le notaire et l'amant
S'entretiennent avec la Princesse un moment,
Et l'assassin dans un coin surveille son monde.

3ᵉ T.

Il songe à conjurer maintenant tout danger,
Et juge qu'il vaudrait beaucoup mieux s'arranger
Au moyen du notaire et puis de la Princesse ;
C'est ainsi qu'on tuera le comte, cela presse

4ᵉ T.

On l'assomme une nuit, on le cache un matin
A douze pieds de terre au milieu du jardin.
... L'autre épouse la femme et garde le notaire,
L'assassin adorant les Princesses... Mystère !

5ᵉ T.

Un an après. Le vieux notaire devient fou,
Il est à craindre — on doit le tuer — comment ? où ?
Le faux comte lui donne un poison énergique,
On étouffe ses cris avec de la musique.

6ᵉ T.

Quelqu'un de la maison a pu s'apercevoir...

7ᵉ T.

Le Procureur reçoit une lettre anonyme.

8ᵉ T.

On fouille à droite, à gauche. On trouve la victime
Première, — mais celui qui tient le second crime,
C'est le chimiste-expert, le surlendemain soir.

9ᵉ T.

Un modèle achevé de gravure de mode,
Le Procureur, correct, en noir, l'air pas commode.

10ᵉ T.

La confrontation à la Morgue ; les corps
Décomposés, affreux.
     L'assassin sans remords

11ᵉ T.

Le comte assassiné, paraît-il, n'est pas comte,
L'enquête commencée a prouvé le mécompte !
Mais quel nom ?
— Nicolas Duval. —

12ᵉ T.

Le criminel
S'évanouit ; Duval est son nom paternel,
Il a tué son père, ô vérité funeste !
Son père dont voici le misérable reste,
C'était son père, — ô ciel !... Il se donne le coup
Final en s'enfonçant un couteau dans le cou.

13ᵉ T.

On condamne la femme à mort.
— Ah ! qu'elle est belle
Et cynique devant l'échafaud qui l'appelle !

Le grand rideau descend rouge, tranquillement,
Et le public ému s'écoule tristement..

LE VIEUX CABOTIN

A Maxime Serpeille.

Il donnait la réplique à Frédérick Lemaitre,
Et jouait l'amoureux aussi bien que le traitre.
— Toujours frais rasé, la peau bleue, un œil ardent
Qui garde les reflets de la rampe magique.
Malgré sa bouche torve et son unique dent,
La voix passe toujours tristement énergique
A Grenelle, jadis, il eut tous les succès ;
Lors, il rêvait d'entrer au Théâtre-Français.

Après avoir porté l'habit d'or des monarques,
— Car la guigne, dit-il, a mis la main sur lui —
Il craint bien de mourir de misère et d'ennui :
Machiniste, afficheur, donneur de contremarques.

LE CHEF D'ORCHESTRE

A Ch. Canivet.

Chacun croit que ta main se multiplie et semble
Diriger un à un tous tes subordonnés ;
Tandis que du regard, de la bouche et du nez,
Des chanteurs indécis tu surveilles l'ensemble.

J'aime l'habileté de tes gestes adroits
Quand tu bats la mesure avec un archet frêle,
Et que, plein de fureur et d'entrain et de zèle,
Tu cognes le souffleur, ton pupitre et tes doigts !...

Ta tête tombe à droite, à gauche, et se démène,
Et te donne l'air d'un fantoche énergumène !

LE PRESTIDIGITATEUR

A M. J. Berr de Turique.

Rien dans la main, rien dans la poche, il est vraiment
Infernal ce monsieur avec sa table ronde.
Rien dans les bras non plus ; car à chaque moment,
Ses manches battent l'air pour convaincre le monde.
Il escamoterait des gens à force d'art !
Il fait dans un chapeau : soupe, omelette au lard...
Et vous rend le chapeau plus frais que d'habitude.

A peine exprime-t-il toute sa gratitude
En inclinant la tête à l'applaudissement
Général, et d'un œil qui défie, il propose
Au public ahuri d'entreprendre la chose,
    Et d'opérer plus dextrement.

LA CONTREBASSE

A H. Lafontaine.

O ronflement d'ogresse ! ô reine dont la voix
Si puissante descend au fond de notre panse !
En raison de ton bruit, en raison de ton poids,
Tu dois trôner et non pas rester à distance !

— Incommodante un peu, déclare ton voisin
Que ta grossesse choque en lui masquant la scène. —
Quel phénomène-enfant caches-tu dans ton sein,
Nourrice de l'Orchestre à la puissante haleine ?

Et si géante, que l'amant,
Pour râcler amoureusement
Ton vieux cœur qu'il veut faire battre,
Se plie en deux, en trois, en quatre !

RIDEAU-ANNONCES

A Félix Wiener.

Sur la scène, un décor d'un ton vert surprenant
Qui jette la pensée en un ravissant songe.
Mais la Réalité, jalouse du Mensonge,
Laisse choir son rideau désillusionnant.

C'est la preuve absolue, insolente et grossière,
Qu'on fait argent de tout, et que le directeur,
Avec son *Bornibus* et sa *Revalescière*
Ne craint pas d'offenser les yeux du spectateur.

Un jour osera-t-il mettre sur la tunique
De Juliette ou sur celle de Roméo ?
« *L'habit complet Godchau pour vingt francs, prix unique !* »
Ou : « *Le chocolat X... est de pur Cacao !* »

RÉPÉTITION II

A Ed. Frisch.

Un simple bec de gaz qui descend vers la scène.
Pas de décors : la triste et grise nudité
Des vieux murs, des portants, droits, de chaque côté.
Un acteur gesticule, et crie, et se démène.

La salle du théâtre est dans l'obscurité ;
Il fait grand jour dehors, et le soleil sans gêne,
Par les vitres d'en haut se laissant voir à peine,
A l'air d'un curieux qu'on n'a pas invité.

Aux fauteuils, des gens qui, d'une seule parole,
Interrompent l'acteur au milieu de son rôle ;
Et c'est le directeur assisté des auteurs.

Endroit mystérieux, secret, suspect et louche,
Nul bruit extérieur, pas un souffle de mouche ;
On dirait que ces gens sont des conspirateurs.

BAL A L'OPÉRA

A Eugène Motans.

L'orchestre fait ronfler en vain ses violons
Et ses cuivres. Deux mille ou trois mille personnes
Regardent huit danseurs vulgaires, pantalons
Et jupe relevés, esquissant sauts et ronds !
L'orchestre fait ronfler violons et trombones.

Et nul n'ignore que l'Administration,
— Prévoyant la tristesse énorme de la salle. —
A payé ces danseurs, gens de profession,
Pour donner à la fête une couleur locale.

Qu'ils sont tristes ces bals et funèbres à voir !
Et ces gens costumés dans les couloirs, fantoches
Timides, empesés, honteux, cherchant leurs poches !
Et l'on s'en va, le cœur tout barbouillé de noir.

LE TRÉMOLO

A Mlle Marg. Durand.

Elle lit un billet, pleine d'attention,
L'œil démesurément ouvert, belle et pensive,
Elle parle à mi-voix, mais avec passion,
Pousse un cri, fait un geste, et relit la missive
Que vient de lui remettre un serviteur masqué.
Le billet est signé : « Gontran. » Celui qui l'aime !
« A ce soir, rendez-vous, minuit, » — l'heure suprême !
« Au jardin, sous le chêne. » Il a tout indiqué.

Elle se laisse choir sur le fauteuil Louis treize,
Et portant le billet à sa bouche, le baise.

Et pendant qu'elle lit, l'orchestre joue un long
Trémolo, trémolo du grave violon
Qui ressemble à l'orage au lointain dans la plaine.

L'amour mystérieux dont cette lettre est pleine
Joint à ce trémolo vont tant à l'unisson,
Que ce parler a l'air de devenir chanson.

LA CLAQUE

A Paul Marrot

Hardi ! Claqueurs ! claquez ! Car le spectateur, certes
Applaudit mal, croyant qu'il est de mauvais goût
De claquer avec les deux mains grandes ouvertes.
Claqueurs, remplacez-les et faites trembler tout !
O divins traducteurs des vers et de la prose !
Renseignez notre esprit ignorant en la chose,
Soulignez les bons mots, les airs à retenir,
Puisque l'auteur lui-même a pris le soin utile
De vous les indiquer, sachez bien les bénir.

Et vous me rappelez, claqueurs, troupe subtile,
Les gens qui sont payés dans les enterrements
Pour geindre et pour pleurer sur des morts inconnues,
Vous qui, payés aussi, poussez jusques aux nues
Vos agaçants, mais longs, longs applaudissements !

LE MACHINISTE

A Jean-Bernard Passerieu.

C'est l'architecte de la scène,
C'est l'ouvrier, c'est le patron !
A lui seul, il construit sans peine :
Une maison avec perron,
La terrasse et le point de vue,
Un coin, une place, une rue,
Un fleuve, une source, un vallon.
Il met un quart d'heure à tout faire !
Néanmoins, le public sévère
Prétend que l'entr'acte est trop long !

Il est le jardinier céleste,
— Et pour le coup miraculeux ! —
Faisant naître d'une main leste,
Des fruits, des arbres merveilleux,
Et des fleurs et de la verdure
Plus verte que celle nature.
Ne critiquez pas leur lenteur,
Car les orgueilleux machinistes
Iraient bousculer les artistes,
Et gare aux pieds du directeur !

MUSIQUE DANS LA COULISSE

A Madame Victoria Lafontaine.

Une scène d'amour au milieu du salon
Brillant à giorno, tandis qu'un violon
Joue une mazurka lente dans la coulisse.
Et puis la flûte, la basse, le piano !
Tout au fond du théâtre on danse, on passe, on glisse.
Ah ! qu'il est dramatique et sombre le duo !
Cet orchestre discret décuple la pensée,
Le dialogue est plein d'une étrange saveur
Et la musique rend le public très rêveur,
Donnant la notion d'une fête insensée...

Les mots.et les soupirs des pauvres amoureux
Vont droit à notre cœur et nous mouillent les yeux,
A cause de la flûte, et du violon triste,
Et du piano grave, et surtout de l'artiste
Qui fait vibrer la basse avec un air en *si*,
Comme s'il se plaignait à sa maîtresse aussi.

ENTR'ACTE

A Mademoiselle S. Devoyod.

Les bons musiciens et leur chef vivement
Disparaissent ; les gens de la salle, aussi vite,
Dehors vont prendre l'air ou faire une visite
Aux loges, aux fauteuils, au balcon, un moment :

Car le bavard est las d'avoir pu rester sage
Tout un acte dans la même position.
Le théâtre devient une halle, un passage...
Et puis les mêmes cris brutaux : « location
De lorgnettes, programme, orgeat et limonade ! »

Un vieil indifférent, en bas, risque une œillade
En observant un peu partout, et le chapeau
Sur la tête, il baille à s'en distendre la peau.

UTOPIE

Les théâtres sont des maisons
Tout comme la mienne et la vôtre,
Supportant les quatre saisons,
Confortables à l'un ou l'autre.

Je les voudrais plus en papier,
Plus fragiles, plus dangereuses,
Que l'ouragan les fît plier,
Tant pis pour les âmes peureuses !

Je voudrais que l'on y pût voir
Un rayon de lune qui glisse,
Que l'on sentît le vent de soir
S'engouffrer dedans la coulisse.

Entendre ainsi les rimes d'or
Qu'une belle actrice murmure
Auprès d'un bizarre décor
Moitié toile et moitié nature !

LE BALLET

> Si la danseuse a le buste long, elle s'appliquera à lever les jambes plus haut qu'à l'ordinaire.
> La danseuse doit faire ressortir sa poitrine, rentrer la ceinture, se cambrer et s'affermir les reins.
> Si le sujet a la taille courte, il doit porter ses bras haut.....
>
> (Petit guide a l'usage des amateurs de ballets)

Le soir qu'Amour vous fit en la salle descendre
Pour danser d'artifice un beau ballet d'amour..
Le ballet fut divin, qui se souloit reprendre,
Se rompre, se desfaire, et tour dessus retour
Se mesler, s'escarter, se tourner à l'entour,
Contr'imitant le cours du fleuve de Méandre.

(Ronsard).

DANSEUSE

A la Laus.

Ses jolis bras en l'air, ses petits doigts tordus,
Au milieu d'une scène et de décors énormes,
Prenant des gestes fous, presque épileptiformes,
Elle saute, tressaute, ouvre ses yeux fendus,
Les referme, sourit, rit plus fort, se déhanche,
Et soulève en tournant sa courte jupe blanche.

Sa jupe c'est un flot de longs rubans disjoints
Pris au corset, tenant des grelots fins en cuivre.
Quand elle se balance ou marche, on devient ivre,
On voudrait la tenir bien haut entre ses poings,
Tout comme ce danseur à la valse finale
Qui l'enlève dans un feu rose de Bengale.

ETOILE

Sardanapal vous eût permis
De gambader devant sa couche.
Les sylphes sont de vos amis,
Fille d'abeille ou d'oiseau-mouche !

Belle, belle, mille fois trop,
Pour que même en un rêve, j'ose
— Vous voyant fuir dans un galop ! —
Baiser votre frais maillot rose.

En chaussons roses, piétinez
Mon pauvre corps tant inutile
Depuis les talons jusqu'au nez,
O danseuse pâle et subtile !

PREMIÈRE DANSEUSE

A P. Merlin.

Très jeune et disloquée, elle a l'air d'un serpent,
Quand au son d'une valse amoureusement lente,
Elle danse du ventre, agitant un ruban
Devant ses yeux d'émail et sa bouche riante.
Mince comme un roseau, souple comme un ressort,
Au premier acte en Turque, au second en Almée,
Les cheveux défrisés, elle prend son essor...
Le flot de ses jupons clairs s'envole en fumée.

Puis un faux pas, l'oiseau bruyamment s'étala,
— L'impondérable oiseau qu'un simple souffle enlève —
Et le vaste plancher de la scène trembla...
Ce qui désenchanta le public en plein rêve.

DANSEUR

A André Brunet.

Bien fait, trapu, musclé, charmant, frisé, joyeux
    Dans un costume Renaissance ;
L'insipide danseur veut être gracieux.
    Il saute, tourne, se balance.

    Ses gestes plus ou moins adroits
    Ne peuvent pas nous satisfaire,
    Ses sourires nous laissent froids,
    Vainement il aura beau faire.

  Il croit que le comble de l'art
Est d'enlever bien haut une blanche Pierrette,
  Comme l'hercule au boulevard
Qui tient à bras tendus des poids et sa brouette.

Ce danseur pommadé, gentil ; un Apollon
Que l'on mettrait sous verre au fond de son salon.

BALLET

A Massenet.

Ces Filles d'Air volent sans ailes !
Leurs courts jupons aux blancs festons
Ressemblent à des clochetons
Faits en plumes de tourterelles.

Chaque battant emmailloté
Dans une soie étincelante,
Sur la scène toute tremblante,
Laisse comme un bruit velouté.

« Que tes pieds et que ta figure,
— Rires des lèvres et des yeux ! —
» Que tes nerfs et que tes cheveux,
» Danseuse, aillent bien en mesure ! »

SUR UN PORTRAIT

A Sinibaldi.

Public, on lève le rideau,
Vois la Francioli, danseuse.
Tout aussi bien que le rondo
Elle peut valser la berceuse.

Son corps rose est délicieux
Des chaussons à la collerette.
Ce corps droit sur une fleurette
Ne la plierait pas même en deux.

Notre regard la frôle et touche,
Il la poursuit dans son rayon,
Il la poursuit comme une mouche
Qui voudrait prendre un papillon.

« Pour que le vent ne vous emmène
Furtivement trop loin de nous,
Cambrez vos bras et vos genoux,
Que vos pieds mordent bien la scène ! »

« Et dans la joyeuse clarté
Du lustre d'or et de la rampe,
Puisqu'en vous l'âme se retrempe,
Dansez, belle, par charité ! »

DANSEUSES

Les maillots chair et satinés
Par la rampe aux clartés magiques
Affolent, tant ils sont lubriques,
Sautent, dansent, désordonnés.

Les visages un peu fanés,
Les blancs visages fantastiques
Contractent leurs nerfs élastiques
Eclairés du menton au nez.

SOLO DE BALLET

A M. Léo Delibes.

Si charmeuse, — fortes les hanches,
Dessous les jupes en ballon ;
Ses petits pieds mordant les planches,
Elle va de large et de long.

Entrechats et vertigineuses
Pirouettes, — deux, trois, quatre tours, —
Glissant ainsi des patineuses,
S'envolant ainsi des amours.

C'est Elle, reine, fée, archange,
Idéalisant l'Opéra :
— Mauri, la Laus, Zucchi, Subra. —
Que notre regard boit et mange.

Nous nous grisons de sa beauté,
Voudrions poser notre ivresse.
Dans un corps si bien jarreté
Et souple comme une caresse.

CAFÉS-CHANTANTS

CAFÉ-CHANTANT

A J. M. de Heredia.

Les guirlandes de gaz dans les Champs-Élysées
Avec les marronniers aux branches pavoisées
Éclairent de très loin le grand café-chantant,
Et, de très loin aussi, le promeneur entend
Les *forte* de l'orchestre arriver par bouffées.

En plein air, — cet air tiède, épais, des soirs d'été. —
Comme des papillons qui vont à la clarté
Des lampes, y brûlant leurs pattes et leurs têtes,
On se sent attirer vers ces marionnettes
Vivantes, ces décors, cette électricité.

La lumière au ton cru rend blafard le visage
Du spectateur ainsi que le vert du feuillage.
Ce n'est pas le théâtre ordinaire où l'on va
Applaudir le ténor ou chuter la diva ;
Non, c'est sans parti pris que se fait le tapage.

Ils passent tout leur temps à rire, à se pâmer,
Ces bourgeois, calicots et gommeux très peu dignes
Qui hêlent la chanteuse et l'appellent par signes.
On est heureux, on boit, on chante, on peut fumer,
Et garder son chapeau pour ne pas s'enrhumer.

REFRAIN

A Jules Prével.

Elle chante au café-concert
Devant un public en démence,
Au bruit des bocks que l'on vous sert,
Elle chantonne une romance.

La cabotine en cheveux blonds
Effrontée et fière roucoule
Sans dominer les violons
Ni les murmures de la foule.

Romance ayant du sentiment
Ou bien quelque refrain canaille;
C'est ce refrain qu'allègrement
Le public transporté braille.

On le bisse, on le sait par cœur,
Dans l'ivresse qui s'accentue
Le public le redit en chœur
Avec la chanteuse éperdue.

EN PLEIN AIR

A Mesplès.

Un froid de loup, un froid triste ce soir ;
Ce mois de juin me rappelle l'automne.
Des courageux viennent pourtant s'asseoir,
Et le piston, lugubrement pistonne
Une polka ; titre — le *Boute-en-train*. —
Mais le public n'y va pas du refrain.

Nous sommes bien en tout presque soixante.
Et pour payer l'orchestre et le souffleur,
Cette recette est même insuffisante

A dit, navré, monsieur le contrôleur
Tant pis, on parle, on chante sur la scène,
Tranquillement, sans se donner de peine.

Et j'eus alors la douce émotion,
Comme chacun avait quitté son siège,
Que pour moi la représentation
Se déroulait, et pour moi seul, pensai-je.
Et je me crus un amateur, un roi
Qui s'offre le concert un jour de froid.

A LA FOIRE

> J'ai mangé du tambour et bu de la cymbale.
> J. RICHEPIN.

MUSÉE DE CIRE

A Jacques Redelsperger.

Sur le devant de la boutique
On voit un gendarme à ressorts
Qui tourne un vieil orgue asthmatique
Et fait gesticuler son corps.

A l'intérieur c'est la reine
D'Angleterre auprès d'un forçat ;
Tous deux ont la bouche sereine
Et des regards fixes de chat.

La mort du grand poète ensuite :
Victor Hugo dans son cercueil,
L'empereur de Chine et sa Suite
Le contemplent d'un mauvais œil.

Les sinistres tableaux d'un crime :
Premièrement, c'est l'assassin,
Puis le guet-apens, la victime
Avec un couteau sous le sein.

Ce qui nous surprend, c'est la pose,
L'éternelle immobilité
Du geste et de la bouche rose
Toute pleine d'aménité.

O les vilaines gens en cire !
On dirait des morts maquillés
Que le Barnum pris de délire
A comiquement habillés !

AU CIRQUE

A Mlle C. Vilmin.

Dans l'arène, au milieu, le beau Monsieur Loyal
Claque sa chambrière et donne le signal.
Alors, tout frémissant et secouant la tête,
Agitant la crinière en hennissant très fort,
Arrive le cheval qui, brusquement s'arrête
Devant lui, comme mû par un brusque ressort,
Et fait à volonté le vivant ou le mort.

Ensuite, en jupe courte, enfonçant dans le sable,
L'écuyère sautille et d'un sourire aimable
Adresse aux spectateurs vingt baisers des deux bras.

On l'asseoit vivement sur la bête qui rue.
Gracieuse, nerveuse et sans grand embarras,
Elle l'agace avec ses petits cris : « Hop ! hue !
« Allons ! All right ! » qui font rire de haut en bas
Le public amoureux de la gentille fille.

L'orchestre joue un air entraînant de quadrille,
Le cheval emballé va circulairement
En ce plein océan de têtes allumées.

Puis un bout de repos ; des clowns viennent gaîment
En grotesques maillots, en robes imprimées
De lunes, de soleils et d'étoiles, fardés
D'une farine épaisse et de rictus énormes,
Avec des cheveux verts et des yeux tout bridés,
Laissant croire parfois qu'ils ne sont pas des hommes.

Le plus drôle d'entre eux, d'une amoureuse voix,
Surprend à l'écuyère un baiser sur les doigts.
Elle est habituée à son discours frivole
Et le repousse, mais le bon clown se console
En culbutant des gens, en prenant des airs sots.

L'orchestre a redoublé de vigueur, et le brave
Monsieur Loyal, toujours luisant et toujours grave,
Commande aux employés de tenir les cerceaux.

AU CIRQUE

Sur la selle carrée et large de la bête,
L'écuyère, debout, peut sauter et danser.
Vite un coup de galop furieux, et la tête
La première, affolée, elle va traverser
Ces ronds de papier peint comme on crève un nuage.

Elle en sort les cheveux révoltés, le visage
Rayonnant, ses jupons un peu désempesés
Semblent une tulipe aux pétales brisés.

Ces femmes, ces chevaux, ces clowns : une féerie
        Ayant des odeurs d'écurie.

GUIGNOL

A la petite Cécile.

Oh ! le joli public ! Nounous en clairs rubans,
Fillettes et babys, bien graves sur les bancs,
Dont le cerveau naïf et surpris cherche, rêve,
Quand le petit rideau du théâtre se lève
Sur un décor peint en image d'Epinal.
Un méchant violon italien, banal,
Fait inconsciemment une horrible musique.
La pièce est un effet de lanterne magique
Dans sa succession de tableaux imprévus.

— Le commissaire ému des coups qu'il a reçus
Du garnement Bibi ; deux comiques gendarmes
Accourent et Bibi les tue avec leurs armes. —
Les gentils spectateurs sont tous de son avis
Et l'acclament gaiement, transportés et ravis.
— Il a mis en civet le chat de la portière
Et rempli de mauvais poivre sa tabatière. —
La tête de Bibi mal taillée au couteau,
Par son expression indécise, tantôt
Semble éclater de rire ou crever de tristesse.
En le regardant les poupards clignent des yeux
Comme si le soleil remuait devant eux.
Il n'agit pas avec grâce ni politesse,
Mais il parle crûment, d'un air si bon garçon,
Qu'on oublie un instant son rude sans-façon.
— Or à la fin Bibi se repent et pleurniche ;
Il ne fera jamais plus une seule niche
Au commissaire, à la portière ; il ne tûra
Ni gendarmes, ni chats, ni chiens et cœtera....
Et sera pour son père un bâton de vieillesse. —
C'est la moralité touchante de la pièce.

PARADE

A Henri Baüer.

Casques, bonnets, chapeaux, par-devant la baraque,
Se pressent à l'envi sur l'escalier qui craque,
Pour goûter de plus près Jocrisse et le patron :
Le premier en habit jaune et l'autre en marron.
Une femme au comptoir, énorme, recouverte
De bracelets massifs et de brillants colliers.
Tout-à-l'heure, pinçant sa courte jupe verte,
Très calme, elle tournait sur la pointe des pieds.
Le patron prend un air grave et de complaisance,
Il dit son rôle avec une si sûre aisance
Et donne tant de coups au Jocrisse engourdi,

Que le public chauffé l'admire et l'applaudit.
Orchestre : le trombone asthmatique et phtisique
Qui rendra sa pauvre âme un beau soir de musique,
Le piston, le tambour, en lanciers Polonais,
Sous l'ample redingote et le schapzka pas frais.
Jocrisse n'est plus drôle ; or, lentement, la foule
Lasse de regarder et d'entendre s'écoule.
Mais le patron malin comprenant le danger
Et voyant qu'au spectacle il faut enfin songer,
D'un accent marseillais vibrant et fort s'écrie :
« Hé, trêve de bons mots et de plaisanterie.. »

DANS LES FOIRES

Nous sommes donc entrés dans la sale boutique
D'une femme géante et barbue. Au dehors
Un tambour trépidant, des coups de vents très forts
Soufflant de noirs quinquets sur la corde élastique.

Et mon exubérant cerveau, tout nostalgique,
Sans rien comprendre, ému, détendait ses ressorts,
Se plongeait dans l'odeur du bouge, grasse alors,
Crasseuse exhalaison, puanteur énergique ;

Tristesse des velours déchirés, mal tendus,
Des toiles drôlement peintes. Les cris ardus
Du patron, haut perché devers la devanture,

Se mêlaient aux élans d'un orgue qui braillait,
Et dans cette atmosphère épaisse de friture,
L'iris de tes habits, Madame, se souillait.

TOILES EXTÉRIEURES

A Truffier.

I.

La géante debout reçoit dans son salon
Mac-Mahon et Hugo grands jusqu'à sa ceinture.
Et, levant le volant de sa robe-ballon,
Fort aimable elle montre un mollet hors nature.
La géante a des pieds tout petits et cambrés
Dans des bottines très hautes à glands dorés.
Ainsi qu'on peut le voir dépeint sur leurs visages,
Cela semble étonner ces graves personnages.

II.

En culotte collante, en bottes, le dompteur
Bien crâne est accoudé sur deux lions superbes.
Par devant : un chacal, un boa constricteur,
D'autres lions, des ours s'ébattant sous les herbes.
Tous semblent vivre en bonne intelligence. — On voit
Au fond, pour que la chose ait bien l'air exotique,
L'Océan balançant quelque Transatlantique.
Sur la rive, un marin, hache en main, se tient droit
A côté d'un palmier qui finit à sa tête,
Pendant qu'un singe vert se balance à son faîte.

A Eug. Larade.

III.

Ici le muséum de la Pathologie.
Le tableau représente un fond d'estaminet,
Des femmes, des viveurs soupant en cabinet,
Trinquant, à-moitié gris, commençant une orgie.
Les femmes et l'alcool, double empoisonnement
De la jeunesse qui s'énerve tristement !
Voici venir la Mort habillée en squelette,
Et qui, tendant sa faux et remuant la tête,
Semble donner à tous un prochain rendez-vous.
Touchant acte premier de la vie à outrance !
Ces joyeux, aujourd'hui si forts d'indifférence,
Après-demain seront paralysés ou fous.

A côté, le contraste horrible et nécessaire,
Une dissection de cadavre. Un docteur
Explique aux carabins qui le regardent faire,
Et d'un air convaincu fouille à l'endroit du cœur,
Tandis qu'on lit, dix fois écrit sur la tenture :
— C'est l'Inconduite la ruine de la Nature ! —

IV.

Puis l'Inquisition et sa légion noire
De bourreaux, de martyrs et d'affreux instruments.
Des capucins masqués assistent aux tourments :
La bastonnade, l'eau bouillante qu'il faut boire,
Les jambes à rôtir, les crânes dans l'étau,
Les ongles et les dents arrachés au couteau.
La forge, le soufflet, l'alambic et l'enclume
Tout au fond du tableau servent donc d'horizon.
Et c'est dans ce vilain coin que le feu s'allume,
Là qu'on rougit le fer et qu'on fait le poison.
. . . .
O toile ! qui n'as pas de tons, de perspective,
Peinte au mètre carré, sans soucis, ni pudeur,
A mes regards tu rends plus significative
Cette Inquisition dans toute sa hideur.
Et devant toi, malgré qu'il te dise bien bête,
Le bon public frémit des pieds jusqu'à la tête.

LUTTEURS

A Léon Cladel.

Fiers de leurs hauts chaussons tout ourlés de fourrure,
De leurs biceps, de leur chair, véritable armure,
Dans de sales maillots qui font de vilains plis,
Les lutteurs aux jarrets d'acier, aux reins solides,
En toisant le public prodiguent des défis.
Un compère répond : « pas peur des invalides !
« Holà ! j'demande un gant et j'choisis le petit ! »
Le *petit*, un trapu bien musclé qu'on appelle
Le Bourreau des Faubourgs.   Or, mis en appétit,

Les badauds parisiens s'entassent pêle-mêle :
Ouvriers et soldats et quelques élégants,
Quand les hardis lutteurs ont lancé tous les gants.

Franchement, les champions s'avancent l'un vers l'autre
Et se donnent la main en guise de salut.
Puis le duo commence ; on s'enlace, on se vautre,
On s'arrête, ainsi que deux gros chiens à l'affût,
Epiant le moment propice de la lutte.
Le public prend parti pour son représentant,
Applaudit l'amateur après chaque culbute
Et le poursuit de l'œil, curieux, haletant.
Les mains claquent à plat sur les épaules nues,
Et les poitrines ont un rauque sifflement.
Le public ne sait pas les choses convenues,
C'est que l'amateur doit s'abattre adroitement
En laissant au lutteur l'honneur de la victoire.
Sans un doigt de rancune, après, ils s'en vont boire ;
Car demain le lutteur tiendra lieu d'amateur,
Et l'amateur aura le maillot du lutteur.

TABLE

LA SCÈNE ET LA SALLE

	Pages.
Rideau	3
Le Souffleur	5
Le Pompier	7
Ouverture	9
Souper	11
Baignoire de fond	13
La Féerie	15

TABLE

	Pages.
Théâtre improvisé	17
Grand Opéra	19
La Pièce militaire	21
Banlieue	23
Le Lustre	25
Opéra-Comique	27
Répétition I	29
Clair Obscur	31
A une Ouvreuse	33
Après-midi au Théâtre	35
Impression au Théâtre	37
Théâtre	39
Le Contrôle	41
Les trous du Rideau	43
Fond de Scène	45
Rampe	47
En Tournée	49
Loge d'Actrice	51
Loge d'Acteur	53
Drame	55
Le vieux Cabotin	59
Le Chef d'Orchestre	61
Le Prestidigitateur	63
La Contrebasse	65
Rideau-Annonces	67
Répétition II	69
Bal à l'Opéra	71
Le Trémolo	73
La Claque	75
Le Machiniste	77
Musique dans la coulisse	79

	Pages.
Entr'acte.	81
Utopie.	83

LE BALLET

Danseuse.	87
Etoile.	89
Première Danseuse.	91
Danseur.	93
Ballet.	95
Sur un Portrait.	97
Danseuses.	99
Solo de Ballet.	101

LES CAFÉS-CHANTANTS

Café-Chantant.	105
Refrain.	107
En plein air.	109

A LA FOIRE

Musée de cire.	113
Au Cirque.	115

TABLE

	Pages.
Guignol	119
Parade	121
Dans les foires	123
Toiles extérieures	125
Lutteurs	129

VERSAILLES
IMPRIMERIE CERF ET FILS
59, RUE DUPLESSIS

www.ingramcontent.com/pod-product-compliance
Lightning Source LLC
Chambersburg PA
CBHW071727090426
42738CB00009B/1907